LÍNGUA PORTUGUESA

CADERNO DE ATIVIDADES

4

William CEREJA
Professor graduado em Português e Linguística e licenciado em Português pela Universidade de São Paulo (USP)
Mestre em Teoria Literária pela Universidade de São Paulo (USP)
Doutor em Linguística Aplicada e Análise do Discurso pela Pontifícia Universidade Católica de São Paulo (PUC-SP)
Professor da rede particular de ensino em São Paulo, capital

Carolina Dias VIANNA
Professora graduada e licenciada em Português pela Universidade Estadual de Campinas (Unicamp-SP)
Mestra em Linguística Aplicada pela Universidade Estadual de Campinas (Unicamp-SP)
Doutora em Linguística Aplicada pela Universidade Estadual de Campinas (Unicamp-SP)
Professora das redes pública e particular de ensino em São Paulo e Minas Gerais

Paula BARACAT De Grande
Graduada e licenciada em Letras pela Universidade Estadual de Campinas (Unicamp-SP)
Mestra em Linguística Aplicada pela Universidade Estadual de Campinas (Unicamp-SP)
Doutora em Linguística Aplicada pela Universidade Estadual de Campinas (Unicamp-SP)
Professora no ensino básico e no ensino superior em São Paulo e no Paraná

Atual Editora

Editora Saraiva

Presidência: Mario Ghio Júnior

Vice-presidência de educação digital: Camila Montero Vaz Cardoso

Direção editorial: Lidiane Vivaldini Olo

Gerência de conteúdo e design educacional – Soluções completas: Viviane Carpegiani

Edição: Fernanda Vilany, Mônica Rodrigues de Lima e Paula Junqueira

Preparação de texto: Noé Gonçalves Ribeiro

Planejamento e controle de produção: Flávio Matuguma (ger.), Juliana Batista (coord.) e Jayne Ruas (analista)

Revisão: Letícia Pieroni (coord.), Aline Cristina Vieira, Anna Clara Razvickas, Brenda T. M. Morais, Carla Bertinato, Daniela Lima, Danielle Modesto, Diego Carbone, Kátia S. Lopes Godoi, Lilian M. Kumai, Malvina Tomáz, Marília H. Lima, Paula Rubia Baltazar, Paula Teixeira, Raquel A. Taveira, Ricardo Miyake, Shirley Figueiredo Ayres, Tayra Alfonso e Thaise Rodrigues

Arte: Fernanda Costa da Silva (ger.), Catherine Saori Ishihara (coord.), Meyre Diniz (edição de arte)

Diagramação: Arte4

Iconografia e tratamento de imagem: Roberta Bento (ger.), Claudia Bertolazzi (coord.), Cristina Akisino (pesquisa iconográfica) e Fernanda Crevin (tratamento de imagens)

Licenciamento de conteúdos de terceiros: Roberta Bento (ger.), Jenis Oh (coord.), Liliane Rodrigues e Raísa Maris Reina e Cristina Akisino (analistas de licenciamento)

Ilustrações: Ilustra Cartoon e Roberto Weigand

Design: Erik Taketa (coord.) e Talita Guedes da Silva (proj. gráfico e capa)

Avenida Paulista, 901, 6º andar – Bela Vista
São Paulo – SP – CEP 01310-200
http://www.somoseducacao.com.br

Dados Internacionais de Catalogação na Publicação (CIP)

Cereja, William Roberto
Língua portuguesa : caderno de atividades 4 / William Roberto Cereja, Carolina Dias Vianna, Paula Baracat De Grande. – 1. ed. – São Paulo : Atual, 2021.

ISBN 978-85-5769-246-6 (aluno)
ISBN 978-65-5945-008-4 (professor)

1. Língua portuguesa (Ensino fundamental) I. Título II. Vianna, Carolina Dias III. De Grande, Paula Baracat

21-1315 CDD 372.6

Angélica Ilacqua – Bibliotecária – CRB-8/7057

2021
1ª edição
1ª impressão
De acordo com a BNCC.

Impressão e acabamento: Bercrom Gráfica e Editora

Uma publicação SOMOS EDUCAÇÃO

APRESENTAÇÃO

PREZADO ESTUDANTE:

Neste Caderno de Atividades, você vai encontrar um conjunto de atividades relacionadas à língua portuguesa. São exercícios, brincadeiras e jogos de diferentes tipos, todos com a finalidade de desenvolver ou aprofundar seus conhecimentos sobre a língua de uma maneira divertida. Por meio deles, esperamos que você aprimore sua capacidade de ler e de escrever palavras e textos com autonomia.

Há atividades elaboradas com base em textos variados, como poemas, cantigas, parlendas, quadrinhas, cordel, fábulas, contos, histórias em quadrinho, pintura, fotografia, anedotas, textos de jornal, textos que circulam na internet e muitos outros. E também cruzadinhas, adivinhas e muitos outros jogos.

Se tiver dificuldade para ler ou compreender algum texto, peça ajuda ao professor. Em casa, peça ajuda a um adulto ou a um irmão ou irmã mais velhos.

Leia os textos com calma, procurando compreender as ideias fundamentais. Se for uma história, preste atenção nos personagens, no lugar em que ocorrem os fatos, nos diálogos, na trama da história... Se for um poema, preste atenção no ritmo, nas rimas, nas imagens e na sonoridade.

Caso tenha dificuldade para saber os sentidos ou a grafia de uma palavra, consulte sempre um dicionário.

Faça as atividades com cuidado e atenção. Você verá que, ao longo do ano, vai se sentir cada vez mais confiante em relação às diversas possibilidades de uso da língua portuguesa.

Um abraço,
Os autores

SUMÁRIO

UNIDADE 1

UNIDADE 2

UNIDADE 3

UNIDADE 4

UNIDADE 1

CAPÍTULO 1 — PRONOMES PESSOAIS, POSSESSIVOS E DEMONSTRATIVOS

Leia o trecho de uma entrevista:

No mundo da edição de livros

Uma conversa com Nathália Dimambro, editora da Companhia das Letras

O trabalho dos autores de livros é bem conhecido: eles precisam pensar na história, nos personagens, em um final interessante. Mas o que faz um editor de livros? Para desvendar esse universo, Giulia S. M., 9 anos, entrevistou Nathália Dimambro, editora da Companhia das Letras. [...]

Como o trabalho com os livros aconteceu na sua vida?

Desde pequena eu sempre gostei muito de ler — um dos meus momentos favoritos na escola era quando íamos à biblioteca escolher um livro para levar para casa. No ensino médio, quando precisava decidir uma carreira, pensava em cursar letras ou design gráfico — artes visuais também me interessavam muito. Quando descobri o curso de editoração (também chamado de produção editorial), percebi que ele juntava tudo que me interessava: texto, design e livros! Foi maravilhoso perceber que eu podia viver de fazer livros, então não pensei duas vezes em seguir essa carreira.

fizkes/Shutterstock

Qual é a diferença entre um editor de livros e um escritor de livros?

O escritor é quem inventa e escreve toda a história. Já o editor faz a ponte entre o escritor e os leitores. O editor trabalha para que a história se torne a melhor possível, dando dicas e sugestões para o autor aprimorar ainda mais o texto. O editor pensa quais seriam os leitores daquele livro, decide qual a melhor capa, em quais lojas ele precisa estar, e assim por diante, ajudando aquela história a chegar ao maior número possível de leitores. [...]

(Jornal *Joca*. Disponível em: https://www.jornaljoca.com.br/no-mundo-da-edicao-de-livros/. Acesso em: 16/3/2021.)

1 A entrevista é com uma editora de livros, Nathália Dimambro.

a) Como foi a relação de Nathália com os livros até se tornar uma editora?

____

____

b) O que a fez se decidir por essa profissão?

____

____

____

2 Na segunda resposta, Nathália explica a diferença entre escritor e editor.

a) O que faz um escritor?

____

____

____

b) Para explicar o que faz um editor, Nathália usa uma expressão da linguagem figurada. Qual é ela?

____

____

3 Releia o parágrafo introdutório da entrevista, antes da primeira pergunta.

a) Identifique um pronome pessoal.

____

b) A que o pronome se refere?

____

c) A que a expressão **esse universo** se refere?

____

____

d) O pronome **esse** é de que tipo: pessoal, possessivo ou demonstrativo?

____

4 Releia a primeira resposta de Nathália e responda:

a) Quais são os pronomes pessoais usados por Nathália para se referir a si mesma?

____

b) O pronome pessoal **ele** também é usado. A que ele se refere?

____

c) Identifique um pronome possessivo usado por Nathália.

____

d) Identifique um pronome demonstrativo.

____

5 Na segunda resposta de Nathália, ela usa dois pronomes demonstrativos.

a) Quais são eles?

____

b) A que cada um deles se refere?

____

____

c) Por que Nathália usa esses pronomes demonstrativos, e não outros? Assinale:

( ) Porque os objetos estão próximos a ela.

( ) Porque ela se refere aos livros e às histórias em geral, e não a um livro ou a uma história especificamente.

( ) Porque ela se refere a um livro e a uma história conhecidos e cita seus títulos.

Mimma Key/Shutterstock

CAPÍTULO 2 — OS PRONOMES E A COESÃO TEXTUAL — EMPREGO DA LETRA H E DAS LETRAS X E CH

Leia o texto "O segredo", uma lenda do folclore romeno:

O segredo

Roberto Weigand/Arquivo da editora

Era uma vez um rei e uma rainha que **tiveram** uma filhinha, uma linda princesa que **gostava** de nadar num lago cristalino. Perto desse lago **ficava** um menino pastor que se **apaixonou** por ela ao vê-la nadando. Um dia, percebendo que ela dormia, o menino **aproximou-se** da garota e **viu** que ela **trazia** no corpo o desenho de uma lua e duas estrelas. Silenciosamente, ele se **deitou** ao lado dela e **sonhou** que ambos **percorriam** os céus estrelados e **brincavam** na lua. Ao despertar, **afastou-se** sem acordá-la. "Será que estivera com a princesa naquele momento?", **pensava** o menino. Depois, **sentia** profunda tristeza ao perceber que nunca mais poderia estar ao lado da amiga, pois ela **era** uma princesa e ele um simples pastor de ovelhas.

Acontece que quando a princesa cresceu, em vez de continuar feliz, foi tomada de uma profunda tristeza. Quando lhe perguntavam por que, ela dizia:

— É como se eu sentisse saudades de alguém que nunca conheci.

Os pais não a compreendiam e decidiram que, se ela casasse, na certa reencontraria a felicidade. Mas a princesinha detestou todos os pretendentes que sua família lhe apresentou. Um dia, disse aos pais:

— Quero casar-me com aquele que conseguir descobrir os desenhos que trago no corpo desde que nasci.

Como a saúde da menina piorava, ambos concordaram com seu pedido e decretaram ao povo:

— Estamos procurando um noivo para a princesa. Mas ela tem um segredo marcado em seu corpo; aquele que conseguir adivinhá-lo com ela se casará.

Jovens de todos os tipos e lugares se apresentaram. Alguns trouxeram consigo sábios e magos para ajudá-los a descobrir o segredo da princesa. Porém, grande foi a surpresa do rei e da rainha quando um simples pastor adiantou-se e declarou:

— A princesa traz a lua e as estrelas marcadas em seu corpo. Sei disso porque quando era menino sonhava que brincávamos juntos no firmamento.

Feliz, a princesa reconheceu o companheiro de seus sonhos e se casaram, dando início a um tempo de muita prosperidade.

(Heloísa Prieto. *A loira do banheiro e outras histórias*. 2. ed. São Paulo: Ática, 2015. p. 51-52.)

1 Releia o primeiro parágrafo e responda:

a) Em que pessoa estão as formas verbais destacadas: na 1ª ou na 3ª pessoa?

____

b) O narrador participa da história? Ele é um dos personagens?

____

____

2 Narrativas ficcionais apresentam, geralmente, um conflito a ser resolvido.

a) Qual é o conflito da história, ou seja, qual é o problema vivido pela princesa que precisa ser resolvido?

____

____

b) De que modo o conflito da história foi resolvido?

____

____

____

3 Releia o primeiro parágrafo do texto. Há, no trecho, vários pronomes pessoais.

a) Identifique-os.

____

b) Os pronomes **ela**, **dela** e **la** (de "vê-la") referem-se a quem: ao rei, à rainha ou à princesa?

____

4 Ainda sobre o primeiro parágrafo, responda: A quem se refere a palavra **ambos**?

____

____

graphic-line/Shutterstock

graphic-line/Shutterstock

E Forafontova/Shutterstock

5 No trecho:

> "Ao despertar, afastou-se sem acordá-la. 'Será que estivera com a princesa naquele momento?', pensava o menino."

a) Qual pronome demonstrativo é utilizado?

____

b) A qual momento ele se refere?

____

6 Releia este trecho do texto:

> "Acontece que quando a princesa cresceu, em vez de continuar feliz, foi tomada de uma profunda tristeza. Quando lhe perguntavam por que, ela dizia:
>
> — É como se eu sentisse saudades de alguém que nunca conheci."

a) A quem o pronome **lhe** se refere?

____

b) Como ficaria a frase em que **lhe** é empregado se o substituirmos por **a ela**?

____

____

____

c) A quem se refere o pronome **eu** no trecho?

____

7 No trecho a seguir, o emprego das palavras **menino** e **garota** evita a repetição de duas palavras empregadas anteriormente.

> "Era uma vez um rei e uma rainha que tiveram uma filhinha, uma linda princesa que gostava de nadar num lago cristalino. Perto desse lago ficava um menino pastor que se apaixonou por ela ao vê-la nadando. Um dia, percebendo que ela dormia, o menino aproximou-se da garota e viu que ela trazia no corpo o desenho de uma lua e duas estrelas. Silenciosamente, ele se deitou ao lado dela e sonhou que ambos percorriam os céus estrelados e brincavam na lua."

a) Que palavra ou palavras **menino** substitui?

____

b) Que palavra ou palavras **garota** substitui?

____

8 Releia este trecho do texto:

> "Como a saúde da menina piorava, ambos concordaram com seu pedido e decretaram ao povo:"

a) A quem a palavra **ambos** se refere?

____

____

b) O pronome possessivo **seu** se refere a quem, ou seja, de quem era o pedido?

____

____

9 Observe como seria o texto se a princesa contasse a própria história:

Era uma vez um rei e uma rainha que **me** tiveram como filhinha, uma linda princesa que gostava de nadar num lago cristalino. Perto desse lago ficava um menino pastor que se apaixonou **por mim** ao **me ver** nadando.

Coloque-se no lugar da princesa e reescreva o restante do primeiro parágrafo, empregando o ponto de vista narrativo de 1ª pessoa.

10 Leia a tira a seguir.

(Fernando Gonsales. *Níquel Náusea — Tédio no chiqueiro*. São Paulo: Devir, 2006. p. 14.)

Na tira, há dois personagens: um adulto e uma criança.

a) Que relação você acha que existe entre eles?

b) Onde os personagens provavelmente estão?

____

c) O que eles estão fazendo?

____

____

____

d) O que a expressão facial do garoto sugere?

____

____

11 Observe o 2º quadrinho.

© Fernando Gonsales/Acervo do cartunista

a) O que ocorre nesse quadrinho?

____

____

b) A palavra **roonc** é uma **onomatopeia**, ou seja, uma palavra que imita um som. O que ela indica na situação?

____

____

12 Observe o nome do livro que a mulher está lendo.

a) Identifique uma palavra com a letra **H**. Essa letra apresenta ou não apresenta som?

___

b) A letra **H** está no início, no meio ou no final da palavra?

___

c) A letra que vem após **H** é uma vogal ou uma consoante?

___

13 Compare o título do livro com o trecho da história contado pela mulher no primeiro quadrinho.

a) Geralmente, a quem se destina um livro com esse título, ou seja, quem deve dormir?

___

___

b) Quem são os personagens da história e o que eles estão fazendo?

___

___

___

c) Quais das características a seguir podem ser atribuídas aos personagens e à atividade que eles realizam?

( ) dinamismo, animação e distração

( ) lentidão, morosidade e concentração

d) Conclua: Qual é o fato que cria humor na tira?

____

____

____

____

14 Preencha as palavras com **x** ou **ch**:

Paul Craft/Shutterstock

____ifre

____alé

____urrasco

embai____o

pei____e

cai____a

e____ame

bru____a

____á

____ave

____eque

____ícara

____upeta

fa____ina

pu____ar

lu____o

guin____o

____eio

____uva

li____o

____ato

tá____i

gra____a

en____ada

en____ente

____ereta

ca____ecol

15 Encontre a saída do labirinto. Para isso, passe somente pelas palavras que têm **x** com o som "xê".

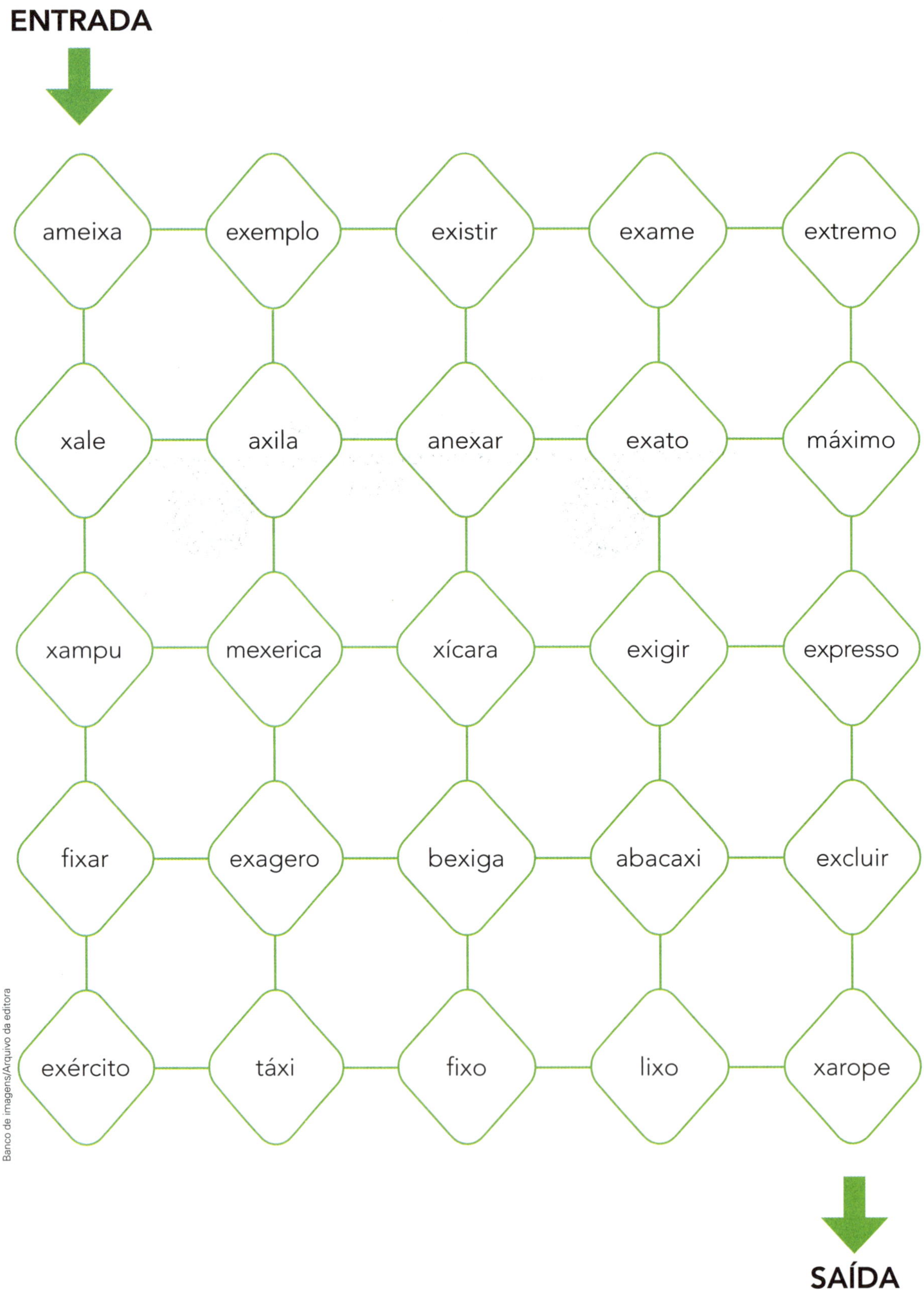

Banco de imagens/Arquivo da editora

16 Será que se escreve com ou sem **h**? Complete com a primeira sílaba das palavras, que podem ou não começar por **h**.

WPAINTER-Std/Shutterstock

Vectordhunia/Shutterstock

Naty_Lee/Shutterstock

_____rizonte   _____mor   _____landa

Kolonko/Shutterstock

Alkestida/Shutterstock

Arkhipenko Olga/Shutterstock

Yuliyan Velchev/Shutterstock

_____lice   _____telã   _____godão   _____cada

17 Em cada um dos grupos de palavras abaixo, há uma intrusa. Nessa palavra, a letra **x** tem um som diferente do que tem nas outras. Descubra qual é ela e escreva-a.

a) Alexandre — mexer — enxugar — executivo — enxada

____

b) sexo — anexo — crucifixo — reflexo — fixador — lixa

____

c) exercício — êxito — exemplo — enxaqueca — exalar — exílio

____

d) exigir — auxiliar — máximo — trouxeram

____

CAPÍTULO 3 — USOS DA LINGUAGEM EM DIFERENTES SITUAÇÕES — EMPREGO DE -EZ E -EZA

Leia os textos que seguem, observando a linguagem de cada um.

TEXTO 1

Barba Azul

Era uma vez um homem que possuía belas casas na cidade e no campo, baixelas de ouro e prata e carruagens douradas.

Mas por infelicidade esse homem tinha a barba azul.

Isso o tornava tão pavoroso, que todas as moças fugiam dele.

Uma de suas vizinhas, senhora de alta linhagem, tinha duas filhas muito bonitas. Ele lhe pediu uma em casamento e disse:

— Eu vos deixo a escolha de qual delas será minha esposa.

Mas nenhuma das duas o queria e o empurravam uma para a outra:

— Não vou me casar com um homem que tem a barba azul.

— E eu também não!

Maciej Es/Shutterstock

O que as assustava mais ainda era que ele já tinha tido diversas mulheres e ninguém sabia o que era feito delas.

Para melhor se conhecerem, Barba Azul convidou-as a uma de suas casas de campo, com sua mãe, três ou quatro de suas melhores amigas e alguns rapazes da vizinhança.

Ficaram oito dias inteiros. Só se pensou em passeios, pescarias, bailes e brincadeiras. Não se dormia e passava-se toda a noite a pregar peças uns nos outros.

Tudo ocorreu tão bem, que a caçula começou a achar que o dono da casa não tinha barba tão azul assim e que era um homem bastante agradável.

Logo que voltaram para a cidade fez-se o casamento.

[...]

(*Contos de Perrault*. Texto em português de Fernanda Lopes de Almeida. São Paulo: Ática, 2007. p. 20-21.)

TEXTO 2

Marina, uma adolescente de 14 anos, conta no seu *blog* como se apaixonou por Alexandre:

Shutterstock/Volha Hlinskaya

[...] Minha mãe tá superestranha, acho que anda com ciúme de mim com o Alê! Gente, isso é sério, sério pra caramba! Ela acha sempre um jeito de cortar as minhas conversas com meu gato, bate na porta do meu quarto, quer que eu veja coisas pra ela o tempo todo, quer que eu desligue o telefone de repente! Gente, preciso de ajuda, de um socorro, de uma salvação, porque a minha mãe nem tá sacando que EU TÔ APAIXONADA DE VERDADE, PELA PRIMEIRA VEZ NA MINHA VIDA! Isso é sério, e eu não consigo entender + nada. :-D :-)))

Vocês sabem que eu curto a minha mãe justamente porque ela sempre foi super minha amiga, mas não sei o que anda rolando na cabeça dela... Desde que pintou o Alê na minha vida que minha mãe mudou completamente, nem parece a mesma pessoa, pega no meu pé o tempo todo, parece um clone ruim daquela minha mãe... [...]

(Júlio Emílio Braz e Janaína Vieira. *O blog da Marina*. 4. ed. São Paulo: Saraiva, 2010. p. 28-29.)

1. Os dois textos são literários e contam uma história ficcional, ou seja, uma história inventada. Compare o narrador (a pessoa que conta a história) dos dois textos.

   a) Em qual dos textos o narrador participa da história como personagem?

   ____

   b) Em qual dos textos o narrador conta a história sem participar dela?

   ____

2. Compare a linguagem dos dois textos.

   a) Qual deles contém frases que seguem uma estrutura típica de textos escritos, diferente da forma como falamos, e usa um vocabulário menos comum em conversas do dia a dia?

   ____

   b) Qual emprega gírias e tem uma linguagem mais próxima da fala cotidiana, parecida com a que usamos em conversas do dia a dia?

   ____

3. Em conversas mais espontâneas, orais ou por escrito, é comum haver redução de palavras e expressões, como **tá** (está), **né** (não é), **vô** (avô), etc. Em qual dos dois textos há formas reduzidas? Quais são elas?

   ____

   ____

4 A linguagem que empregamos em nossos textos está diretamente relacionada à situação de comunicação na qual produzimos cada um desses textos. Lembrando que o texto 2 foi escrito como uma postagem de *blog*, responda:

a) Por que o narrador usou letras maiúsculas em "EU TÔ APAIXONADA DE VERDADE, PELA PRIMEIRA VEZ NA MINHA VIDA!"?

____

____

b) O que representam os ícones :-D :-)))? Em quais situações de conversa eles são geralmente utilizados?

____

____

____

5 Reescreva os trechos a seguir, retirados do texto 1, imaginando como você diria esse mesmo conteúdo em uma conversa com seus amigos.

a) "Isso o tornava tão pavoroso, que todas as moças fugiam dele."

____

____

b) "Eu vos deixo a escolha de qual delas será minha esposa."

____

____

c) "Logo que voltaram para a cidade fez-se o casamento."

____

____

6 Agora reescreva as frases a seguir, do texto 2, considerando que é uma fala em uma situação extremamente formal, em que as pessoas que conversam não têm liberdade ou intimidade entre si.

a) "Gente, isso é sério, sério pra caramba!"

____

b) "a minha mãe nem tá sacando que EU TÔ APAIXONADA DE VERDADE, PELA PRIMEIRA VEZ NA MINHA VIDA!"

____

____

____

c) "eu curto a minha mãe justamente porque ela sempre foi super minha amiga, mas não sei o que anda rolando na cabeça dela..."

____

____

____

Leia este poema, de Elias José:

Leveza

Nem bem se pronuncia,
a palavra LEVEZA
se solta e voa, vira ar
e se transforma em vento,
em dança, em pura liberdade.
E vira pipa
e vira escondida beleza
que não se aprisiona...

(*Pequeno dicionário poético-humorístico ilustrado*. São Paulo: Paulinas, 2006. p. 56.)

Yuliya Derbisheva VLG/Shutterstock

7 Quando pronunciada, a palavra **leveza** se transforma.

a) Em que ela se transforma?

____

____

____

b) O que há em comum entre a palavra **leveza** e todas as coisas em que ela se transforma?

____

____

8 A palavra **leveza** rima com outra palavra do poema.

a) Qual é essa palavra?

____

b) Qual é a parte que as duas palavras têm em comum?

____

9 Forme outras palavras seguindo estes exemplos:

LEV~~E~~ + -EZA = LEVEZA
BEL~~O~~ + -EZA = BELEZA

Forme outras palavras, acrescentando **-ez** ou **-eza**:

- delicado ______________
- bravo ______________
- certo ______________
- magro ______________
- limpo ______________
- claro ______________

10 Forme outras palavras, acrescentando **-ez**:

- ácido ______________
- límpido ______________
- escasso ______________
- surdo ______________
- inválido ______________
- pálido ______________

11 Decifre as palavras e descubra características comuns de algumas princesas de contos maravilhosos.

Código:	A	B	C	D	E	I	L	N	O	R	Z
	+	=	–	@	#	$	&	*	!	:	?

@	#	&	$	–	+	@	#	?	+

*	!	=	:	#	?	+

=	#	&	#	?	+

____

____

____

Passion-pearl/Shutterstock

12 Complete a cruzadinha com palavras terminadas em **-EZ** e **-EZA**:

Verticais

1. grande quantidade de dinheiro e de bens
2. educação; cortesia; delicadeza
4. estado do que é lívido; palidez

Horizontais

3. característica ou propriedade do que é claro
5. característica do que é pequeno; insignificância; mesquinharia

Iconic Bestiary/Shutterstock

UNIDADE 2

CAPÍTULO 1 — SINAIS DE PONTUAÇÃO

Leia a história em quadrinhos a seguir.

(Nik. *Gaturro*. Cotia, SP: Vergara & Riba, 2008. v. 1, p. 12.)

1 Gaturro e sua tutora estão no supermercado.

a) Em que setor eles estão?

____

b) A onomatopeia **BIP!!** foi empregada cinco vezes. O que ela significa na tira?

____

____

____

2 No 1º quadrinho, Gaturro diz esta frase exclamativa: "Adoro fazer compras no supermercado de carona no carrinho!!".

a) Na escrita, que sinal de pontuação é utilizado para indicar ênfase?

____

____

b) Por que foram utilizados na frase dois pontos de exclamação?

____

____

____

____

____

____

Lembre-se:

Algumas regras básicas de pontuação:

- **ponto:** encerra uma frase.
  O doutor acabou de chegar**.**
- **ponto de exclamação:** dá ênfase à frase ou à fala de um personagem.
  Que bom que vocês vieram**!**
- **ponto de interrogação:** marca o tom de pergunta ou de dúvida.
  A que horas vem o trem**?**
- **reticências:** podem marcar uma interrupção, uma hesitação, um pensamento ou uma fala que ainda não se completou.
  Ir ao supermercado agora**...** Desculpe, não vai dar.
- **dois-pontos:** introduz uma explicação ou, na narrativa, a fala de um personagem.
  Você tem duas opções**:** ir de metrô ou de táxi.

3 No último quadrinho, o tutor de Gaturro está conferindo as compras e os valores cobrados pelas mercadorias.

a) Por que há um ponto de interrogação em "Urso de pelúcia... 7?" na fala do tutor de Gaturro?

____

____

b) Qual foi o erro que aconteceu no caixa?

____

____

____

____

4 Observe a pontuação empregada no balão de fala no último quadrinho. Note que houve emprego de reticências (...) e de vírgula (,). Na tira, que sentido é produzido pelo emprego de reticências antes do valor de cada item?

____

____

____

5 Compare a frase original, com vírgulas, empregada no texto, e a frase sem as vírgulas:

- "Iogurte... 1,58, bolacha... 2,14, condicionador... 3,78... urso de pelúcia... 7?"
- Iogurte... 1,58 bolacha... 2,14 condicionador... 3,78... urso de pelúcia... 7?

Conclua: Qual é o papel das vírgulas em uma enumeração como a da frase?

____

____

____

Leia, a seguir, uma parte da peça teatral *Felizardo*, de Marcelo Romagnoli. No texto, há dois personagens: Aurora, uma menina de 6 anos, e Felizardo, seu amigo imaginário.

Aurora e Felizardo acham um lugar e sentam-se.
Ele com sua pipa. Ela com sua boneca.

Felizardo — Sabe uma coisa que eu não entendo: é a pipa. Assim, sem papel, ela parece um esqueleto. Mas é só ter papel e ela sai voando. E o papel, sem o esqueleto da pipa, não sai do chão. Quer dizer que um não vive sem o outro...

Roberto Weigand/Arquivo da editora

Aurora — Disso eu entendo! É que nem boneca. As bonecas parecem com a gente...

Felizardo — Comigo não.

Aurora — Parecem sim... só que por dentro... não têm nada. A gente não. A gente tem um monte de coisa dentro da gente. A gente tem sangue. E é um tanto bom... quando começa a sair parece o chuveiro, que também tem um tanto bom, só que de água. Boneca não tem água nem sangue.
Logo, boneca não tem nada.
Por isso o que interessa na boneca é o por fora. Aí tem que ser bonita, que nem besouro. Entendeu?

Felizardo — Mas e a pipa? E o esqueleto da pipa?

Aurora — Abre o olho. Na pipa, é a mesma coisa.

(*Sete textos de teatro para crianças e jovens*. São Paulo: Ed. Autor, 2014. p. 15.)

6. O texto teatral não apresenta um narrador que conta a história, mas apresenta **rubricas**, que fazem algumas indicações de tempo, espaço, movimentação dos atores, cenário, recursos sonoros, etc. Observe a rubrica que está no início do texto, em itálico. O que ela indica?

____

____

____

____

7. Como sabemos a qual personagem pertence cada fala?

____

____

____

8. Por que, na primeira fala de Felizardo, foi empregado o sinal **dois-pontos**?

____

____

9. Aurora diz: "Disso eu entendo! É que nem boneca. As bonecas parecem com a gente...".

   a) Justifique o emprego do ponto de exclamação depois da primeira frase.

   ____

   ____

b) Justifique o emprego das reticências depois da última frase.

c) Indique outro trecho do texto em que as reticências têm o mesmo papel indicado por você no item **b**.

10 Leia estas frases em voz alta:

Abre o olho! Na pipa é a mesma coisa.

Abre o olho. Na pipa é a mesma coisa!

Que mudança de entonação na fala e que alteração no sentido das frases ocorrem com essa alteração na pontuação?

CAPÍTULO 2 — PONTUAÇÃO: EMPREGO DA VÍRGULA — EMPREGO DE VERBOS COM TERMINAÇÃO EM -RAM E -RÃO

1. As vírgulas podem ser empregadas para separar os termos de uma enumeração. Pontue a primeira frase deste texto, utilizando vírgulas:

   Adorado pelas crianças alegre inteligente e bem-humorado, o *beagle* surgiu na Grã-Bretanha. Seu nome vem da palavra *beag*, que significa "pequeno" no idioma dos celtas, antigo povo que habitou a Irlanda e a Grã-Bretanha. No século XVIII, estes cães eram usados para a caça à raposa.

Gbarinov/Shutterstock

(Heloísa Prieto. *O cachorro que sabia dar risada e outras histórias de crianças e cachorros*. São Paulo: Ática, 1995. p. 61.)

2. As vírgulas também são empregadas para isolar expressões, como **isto é**, **por exemplo** e **quer dizer**. Pontue o texto a seguir de acordo com essa regra.

   Tamanduá-bandeira: Come insetos pequenos, que engole sem mastigar. Possui unhas fortes que usa **por exemplo** para abrir cupinzeiros. Apesar de enxergar e escutar mal, seu olfato é 40 vezes melhor que o do homem.

(Disponível em: http://guiadoscuriosos.uol.com.br/categorias/2074/1/bichos-brasileiros.html. Acesso em: 17/3/2021.)

3. A vírgula também é usada para isolar o **vocativo** (palavra ou expressão que nomeia a pessoa com quem se fala) e o **aposto** (termo que explica ou especifica uma palavra ou expressão mencionada anteriormente).

Empregue vírgulas para isolar o aposto e o vocativo destes quadrinhos:

a)

(Mauricio de Sousa. Aquecimento global — 2ª parte. Revista *Saiba Mais!*, n. 12. Barueri, SP: Panini Brasil.)

b)

(Mauricio de Sousa. Amazônia. Revista *Saiba Mais!*, n. 36. Barueri, SP: Panini Brasil.)

c)

(Mauricio de Sousa. Amazônia. Revista *Saiba Mais!*, n. 36. Barueri, SP: Panini Brasil.)

d)

(Ziraldo. *As melhores tiradas do Menino Maluquinho*. São Paulo: Melhoramentos, 2000. p. 17.)

4 Pontue adequadamente o texto abaixo. Dele foram propositalmente suprimidos os seguintes sinais de pontuação: dez vírgulas, dois travessões e dois parênteses.

Por que as capivaras são dentuças?

Ian Peter Morton/Shutterstock

Os dentes incisivos das capivaras são realmente bem grandes. Eles são assim porque nunca param de crescer. Por isso, elas precisam desgastá-los comendo alimentos mais duros, como sementes e raízes.

As capivaras são animais do grupo dos roedores ou seja, mamíferos que têm dentes fortes e são parentes próximas de ratos preás cotias e pacas. A capivara é considerada o maior roedor do mundo, e o corpo dela lembra um porquinho-da-índia gigante.

Capivara é um nome de origem tupi que significa comedor de capim caapii-uara . Portanto, como o próprio nome indica, a capivara é um herbívoro um animal vegetariano que se alimenta de capins em geral e também de milho mandioca cana-de-açúcar abóbora e bananas. Esses animais vivem em grupos familiares que podem chegar a 20 indivíduos ou mais. Geralmente, o grupo é formado por um macho dominante várias fêmeas adultas com filhotes e alguns jovens.

A fêmea tem em média quatro ou cinco filhotes, que são o alvo principal dos predadores. Sucuris jacarés onças-pardas e onças-pintadas adoram comer capivaras.

Quando estão em perigo, as capivaras mergulham nos rios e nadam até escapar. São excelentes nadadoras e podem permanecer submersas por vários minutos.

E não, os dentes gigantes não atrapalham na natação.

(Guilherme Domenichelli. Jornal *Joca*. Disponível em: https://www.jornaljoca.com.br/duvida-animal-por-que-as-capivaras-sao-dentucas/. Acesso em: 5/3/2021.)

Leia este poema:

Quem sempre foi sempre será

No passado e no futuro,
preste muita atenção,
para os dois não misturar,
pois só vai dar confusão!

UncleFredDesign/Shutterstock

Essa gente é linguaruda
e só deita falação.
Se falaram no passado,
no futuro falarão!

Os políticos prometem,
se ganharem a eleição.
Se mentiram no passado,
no futuro mentirão!

Os ladrões não têm jeito,
pois em tudo põem a mão.
Se roubaram no passado,
no futuro roubarão!

Os cantores e as cantoras
vão cantar sua canção.
Se cantaram no passado,
no futuro cantarão!

[...]

Quem disser que estou errado,
e que não tenho razão,
saiba que eu estou muito certo,
nisso eu sou um campeão!

Pois quem hoje é um boboca
não vai ter conserto não.
Quem foi bobo no passado,
amanhã será bobão!

(Pedro Bandeira. *Mais respeito, eu sou criança!*. São Paulo: Moderna, 2002. p. 68-69.)

5 Leia o boxe "Quem fala no poema?" e responda:
Quem você acha que é o eu lírico do poema? Por quê?

Quem fala no poema?

A voz ou a pessoa que fala em um poema é chamada de **eu lírico**, que é diferente do poeta ou poetisa que escreveu o texto. Por exemplo, o poeta pode ser um homem adulto, e o eu lírico pode ser uma mulher, um menino ou uma menina.

6 O título resume as ideias principais do poema e opõe dois tempos: passado e futuro.

a) Que forma verbal do título está relacionada ao passado?

b) E qual forma verbal está relacionada com o futuro?

c) De acordo com o texto, uma pessoa pode ser, no futuro, diferente do que foi ou do que fez no passado? Que versos do poema comprovam sua resposta?

7 Preencha o quadro a seguir com formas verbais empregadas no texto. À esquerda, escreva as formas verbais do passado e, à direta, as do futuro.

PASSADO	FUTURO
falaram	
	mentirão
roubaram	
	cantarão

8 Leia o quadro que você completou e compare as formas verbais do passado com as do futuro.

a) Essas formas verbais estão no singular ou no plural?

____

____

b) Qual é a terminação das formas verbais quando elas estão no passado?

____

____

c) E qual é a terminação das formas verbais quando elas estão no futuro?

____

____

9 Levando em conta o que você aprendeu na questão 8, preencha as lacunas com o verbo indicado entre parênteses:

a) Na próxima década, os homens _______________ vida em outros planetas? (encontrar)

b) No ano passado, pesquisadores _______________ mais de 100 sarcófagos no Egito. (encontrar)

c) Os alunos já _______________ essa lição ontem. (estudar)

d) Os alunos _______________ essa lição somente amanhã. (estudar)

e) Vocês _______________ agora ou mais tarde? (comer)

f) Você quer comer agora? As crianças já _______________ há pouco.

Nerthuz/Shutterstock

10 A maioria dos verbos da língua portuguesa, quando estão no passado, no futuro e na 3ª pessoa do plural, apresenta as terminações que você identificou na questão 8. Mas há alguns verbos que apresentam diferenças mais profundas. Observe estes versos da última estrofe do poema:

"Quem foi bobo no passado,
amanhã será bobão!"

a) Como ficariam essas formas verbais se elas estivessem no plural?

____

____

b) Compare com o que você aprendeu. Onde está a diferença?

____

____

____

11 O poema apresenta uma forte sonoridade por causa da estrutura de suas estrofes, das rimas, do ritmo, etc.

a) Quantas estrofes o texto apresenta na parte lida?

____

b) Quantos versos tem cada estrofe?

____

c) Os versos apresentam rima? Se sim, como elas estão organizadas?

____

d) Leia a primeira estrofe em voz alta. Os versos apresentam ritmo?

____

12 Crie mais uma estrofe para o poema "Quem sempre foi sempre será", seguindo o modelo de estrofe usado pelo poeta, com o mesmo número de versos e com rimas na mesma posição. Se possível, procure manter o ritmo do poema de Pedro Bandeira e empregue de forma consciente os verbos no passado e no futuro, atentando para a grafia.

____

____

____

____

13 Um repórter apressado, ao escrever no computador uma notícia para o jornal em que trabalha, se esqueceu de digitar algumas letras. Descubra quais são essas letras e reescreva as palavras em que isso ocorreu, completando-as.

Chase D'animulls/Shutterstock

Ontem, em Curitiba, muitas andorinhas chega para passar o verão na cidade. Elas voar em círculos sobre as árvores da praça, e as criaças que bricavam nos escorregadores e balaços grita de alegria.

Na praça, tabém voavam muitas pobas. As mais mansas desce e come pipocas nas mãos das crianças. Foi uma festa!

As pessoas que quiserem ver esse bonito espetáculo durate este verão deve chegar à praça bem cedinho. Vale a pena!

____

____

____

____

14 Das palavras que estão entre parênteses, qual completa corretamente cada frase a seguir?

a) Ontem os convidados ______________ o museu da cidade. Amanhã, eles visitarão o Teatro Municipal. (visitam, visitaram, visitarão)

b) De agora em diante, as princesas ______________ felizes para sempre. (vivem, viveram, viverão)

c) Ontem as crianças ______________ Stop, e as meninas ______________ o jogo. (jogam, jogaram, jogarão — ganham, ganharam, ganharão)

d) As crianças ______________ a jogar novamente apenas na próxima semana. (começam, começaram, começarão)

CAPÍTULO 3 — CONCORDÂNCIA NOMINAL: O SUBSTANTIVO E SEUS DETERMINANTES — DIVISÃO SILÁBICA

Leia esta tira:

(Bill Watterson. *O mundo é mágico — As aventuras de Calvin e Haroldo*. São Paulo: Conrad do Brasil, 2007. p. 20.)

1 Calvin, o garoto que aparece na tira, é mal-humorado e reclama de tudo.

a) Do que ele reclama no 1º quadrinho?

____

b) No último quadrinho, qual foi a solução encontrada por Calvin para lidar com a ventania?

____

____

2 Observe este trecho da fala de Calvin no 1º quadrinho: "Vento imbecil, miserável! Que tempo horroroso! Que dia horrível!".

a) Pinte todos os substantivos que há no trecho.

b) Faça um círculo nos adjetivos que há no trecho.

c) Como ficaria essa frase se todos os substantivos fossem passados para o plural?

___

___

___

3 A respeito dos adjetivos empregados por Calvin, que você identificou no item **b** da questão 2, responda:

a) A quem ou a que eles se referem?

___

b) Se esses adjetivos fossem usados para caracterizar uma pessoa, eles poderiam soar de forma:

( ) carinhosa.
( ) agressiva.
( ) engraçada.
( ) poética.

4 Passe para o plural o substantivo destacado na frase a seguir. Faça as adaptações necessárias.

"Não vou deixar um **ventinho** bobo ser mais irritante do que eu."

___

___

___

Leia este poema, de Sérgio Capparelli:

Os três macacos

YUCALORA/Shutterstock

Os três macacos chegaram
E estão na sala sentados.

O primeiro macaco não vê
E tem um motivo, é cego.

O segundo macaco não escuta,
Não escuta, pois nasceu surdo.

Se quiser ouvir o terceiro,
Desista, porque ele é mudo.

Na sala, estão que nem você,
Que não fala, não ouve e não vê.

(*111 poemas para crianças*. Porto Alegre: L&PM, 2003. p. 15.)

5 Você concorda com a brincadeira do poeta, isto é, você também não fala, não ouve e não vê?

____

6 Observe os dois primeiros versos do poema:

"Os três macacos chegaram
E estão na sala sentados."

Identifique nesses versos:

a) um substantivo: ____________

b) um artigo: ____________

c) um numeral: ____________

d) um adjetivo: ____________

e) Todas essas palavras que você identificou estão no singular ou no plural?

____

____

7 Em relação aos dois versos da questão anterior:

a) Reescreva-os, passando o substantivo **macacos** para o singular. Faça as adaptações que forem necessárias, de acordo com a norma-padrão.

____

____

b) Que mudanças você observou quando fez a alteração?

____

____

8 Reescreva as frases a seguir, passando o substantivo **macaco** para o plural, quando estiver no singular, e para o singular, quando estiver no plural. Faça as adaptações necessárias, considerando a concordância da norma-padrão.

- Os três macacos já estão cansados do silêncio.

____

____

- O macaco esperto surpreendeu a todos com seu comportamento.

____

____

9 Leia, a seguir, um poema de Vinícius de Morais. Os artigos e os adjetivos utilizados no poema estão indicados entre parênteses em sua forma masculina e no singular. Complete as lacunas com esses artigos e adjetivos fazendo a concordância, conforme a norma-padrão, com o substantivo **borboletas**.

As borboletas

________________ (branco)

________________ (azul)

________________ (amarelo)

E ________________ (preto)
Brincam
Na luz

________________ (o, belo)
Borboletas.

Borboletas ________________ (branco)

São ________________ e ________________ (alegre, franco)

Borboletas ________________ (azul)
Gostam muito de luz.

________________________ (o, amarelinho)

São tão ________________ (bonitinho)!

Anastasia Lembrik/Shutterstock

E as ________________, então... (preto)
Oh, que escuridão!

(*A arca de Noé*. São Paulo: Companhia das Letrinhas, 2004. p. 41.)

Leia a tira a seguir e responda às questões 10 e 11.

(Fernando Gonsales. *Níquel Náusea — Com mil demônios!*. São Paulo: Devir, 2002. p. 37.)

10 Complete as lacunas da tira com os artigos **o** ou **um**. Depois, responda: O tutor do cachorro lançou um graveto para o animal buscar.

a) Onde o graveto caiu?

____

____

b) Que tipo de resposta o rato provavelmente deu ao cachorro no terceiro quadrinho? O que comprova sua resposta?

____

____

____

____

11 Faça a divisão silábica destas palavras da tira quando possível:

a) ei: ________________

b) viu: ________________

c) aí: ________________

d) idiota: ________________

e) pauzinho: ________________

f) assim: ________________

12 Às vezes, por um motivo especial, o autor de um texto faz uma divisão silábica diferente da que é considerada correta. Leia esta tira:

© Ziraldo Alves Pinto/Acervo do cartunista

(Ziraldo. *As melhores tiradas do Menino Maluquinho*. 2. ed. São Paulo: Melhoramentos, 2000. p. 18.)

O nome **Maluquinho**, no 1º quadrinho da tira, foi escrito de outra forma, e as sílabas foram separadas também de forma diferente da habitual.

a) Como é a divisão silábica da palavra **Maluquinho**?

____

b) Por que, no balão do 1º quadrinho, aparece MALUQUIN-INHO, com essa separação em partes e com letras mais escuras?

____

____

____

c) De que outra forma a palavra Maluquinho poderia ter sido escrita para dar ideia de que a garota gritou o nome do menino de forma longa?

____

13 Faça a divisão silábica destas palavras da tira:

a) corre: ____________________

b) campanha: ____________________

c) disse: ____________________

d) sorvete: ____________________

e) sua: ____________________

UNIDADE 3

CAPÍTULO 1 — VERBO

Leia, a seguir, um trecho de uma notícia e responda às questões 1 a 3.

Desigualdade responde por 30% da mortalidade de crianças de até 5 anos

A desigualdade no Brasil é responsável por 30% da mortalidade de crianças de até 5 anos por doenças infecciosas e nutricionais. Esta é uma das conclusões de um estudo usando o novo indicador criado pela Fundação Oswaldo Cruz (Fiocruz), o Índice Brasileiro de Privação (IBP) [...].

O índice combina informações de renda, escolaridade e saneamento, funcionando como um retrato de más condições de vida da população. [...]

O estudo da Fiocruz mostra ainda que crianças de até 5 anos que moram em bairros, cidades e estados com alto Índice de Privação têm duas vezes mais chance de morrer por doenças infecciosas, como diarreias, do que as que moram em regiões onde as condições de renda, escolaridade e habitação são melhores. [...]

Moradora de Santa Cruz, na Zona Oeste do Rio, Carolaine das Chagas, de 21 anos, convive desde os 9 com o esgoto a céu aberto ao lado de casa. Sempre que chove, o valão transborda e forma poças nas ruas. Há dois anos, sua casa chegou a ser inundada. Ela mora com a filha, de 7 anos, a mãe, de 39, e a irmã, de 15 [...].

What Diana Did/Shutterstock

(Disponível em: https://oglobo.globo.com/economia/desigualdade-responde-por-30-da-mortalidade-de-criancas-de-ate-5-anos-1-24778288. Acesso em: 21/3/2021.)

1 A notícia lida divulga um dado calculado por um estudo sobre a realidade de crianças no Brasil, denominado Índice Brasileiro de Privação (IBP).

a) Você sabe o que é **privação**, nesse contexto? Deduza, entre as opções a seguir.

( ) riqueza, fartura ( ) pobreza, miséria

b) Qual é a instituição responsável pelo estudo?

____

c) Faça traços para estabelecer a correspondência correta entre os itens a seguir, segundo as informações do texto.

alto índice de privação	boas condições de vida	maior chance de morrer
baixo índice de privação	más condições de vida	menor chance de morrer

2 Segundo o texto, para obter o índice de privação, algumas informações são combinadas: informações de RENDA (R), de ESCOLARIDADE (E) e de SANEAMENTO (S). Marque com as letras iniciais entre parênteses o que cada uma dessas informações indica:

( ) Anos de estudo, até quando frequentou a escola.

( ) Condições adequadas nas redes de água e esgoto.

( ) Salário, ganho mensal em dinheiro.

3. Releia estas frases do texto:

> "A desigualdade no Brasil é responsável por 30% da mortalidade de crianças"
>
> "Carolaine das Chagas, de 21 anos, convive desde os 9 com o esgoto a céu aberto"
>
> "Ela mora com a filha, de 7 anos, a mãe, de 39, e a irmã, de 15"

a) Circule as formas verbais de cada uma das frases.

b) Se você fosse procurar o significado dessas formas verbais no dicionário, por quais palavras buscaria? Marque:

( ) são, vivem, moram

( ) ser, conviver, morar

c) Quais dessas formas verbais indicam ação?

____

____

4. No segundo e no terceiro parágrafo da notícia, quais são os sujeitos das formas verbais abaixo? Escreva:

a) combina:

____

b) mostra:

____

Veja, a seguir, alguns dos direitos fundamentais de crianças e adolescentes e responda às questões 5 a 9.

1 **SAÚDE**
Se ficar doente ou tiver algum problema, todos os pequenos devem ter **acesso a um médico**.

2 **EDUCAÇÃO**
Ninguém pode **ficar fora da escola**. É garantido o acesso e a permanência no colégio, além de acesso a **educação pública e gratuita** perto de casa.

Editoria de Arte/Folhapress

3 **BRINCAR**
Brincadeira também é coisa séria! Toda criança tem que ter hora para **brincar, praticar esportes e se divertir**.

4 **TRABALHO**
Segundo a Constituição (conjunto das principais leis do país), é proibido qualquer tipo de trabalho a **menores de 14 anos**. A partir dessa idade, o adolescente pode ser aprendiz.

5 **CULTURA**
Criança precisa de acesso à cultura. Na televisão, por exemplo, é garantido acesso a **programas com finalidades educativas**.

6 **RESPEITO**
Nenhuma criança ou adolescente pode ter tratamento **desumano, violento, aterrorizante, vexatório ou constrangedor**.

7 **LIBERDADE**
Pode falar o que pensa. Todo jovem tem direito de **opinar e expressar-se livremente**.

8 **FAMÍLIA**
Nada de ficar sozinho. Crianças e jovens devem ter **sempre uma família**, mesmo que substituta.

(Disponível em: https://www1.folha.uol.com.br/folhinha/2015/07/1654132-estatuto-da-crianca-e-do-adolescente-completa-25-anos-cheio-de-desafios.shtml. Acesso em: 21/3/2021.)

5 Sobre o emprego da forma verbal **ficar**, nos direitos 1 e 2, responda:

a) Em qual deles a forma verbal tem o sentido de permanecer em um lugar?

____

b) Em qual deles a forma verbal tem o sentido de ser afetado por um estado de saúde?

____

6 Agora releia o direito 3.

a) Quais ações as crianças devem realizar, segundo ele?

____

____

b) Como ele caracteriza a "brincadeira"? E qual forma verbal é usada para isso?

____

____

____

7 Observe as seguintes formas verbais usadas no texto:

devem ter	é garantido
tem que ter	é proibido

Todas elas indicam um(a):

( ) sugestão ( ) obrigação ( ) conselho

8 O direito 4 contém uma forma verbal que indica possibilidade. Marque qual é ela:

( ) é proibido

( ) a partir

( ) pode ser

9 Complete as frases a seguir com as formas verbais dos verbos indicados entre parênteses, no presente.

a) Os direitos da criança ________________ (garantir) o acesso e a permanência no colégio.

b) A Constituição ________________ (proibir) qualquer tipo de trabalho a menores de 14 anos.

Leia, a seguir, as instruções de um jogo e responda às questões 10 a 12.

Esse jogo é muito antigo e conhecido. Jogam de 2 a 4 participantes, e são 28 peças no total. Cada peça contém duas faces, e cada face, uma quantidade de bolinhas de zero a seis.

Cada jogador pega 7 peças. Na primeira partida, o jogador com a peça que contém os valores mais altos começa o jogo, colocando-a na mesa. Cada jogador tenta encaixar uma das suas peças em uma das extremidades do jogo na mesa. Quando o jogador encaixa uma peça, passa a vez. Quando não encaixa, compra do monte se houver monte; se não houver, passa a vez.

O jogo acaba quando alguém fica sem nenhuma peça na mão ou quando ninguém mais consegue encaixar nenhuma peça. No segundo caso, vence o jogador que ficar com menos pontos em peças na mão.

(Texto escrito pelos autores.)

Bogdanovich_Alexander/Shutterstock

10 Qual é o nome desse jogo?

____

11 Circule, no segundo parágrafo do texto, os verbos que indicam as ações que cada jogador deve realizar para jogar.

12 Releia a primeira frase do texto:

"Esse jogo é muito antigo e conhecido."

a) Circule a forma verbal da frase.

b) Sublinhe os adjetivos empregados na frase para caracterizar o jogo.

c) É possível considerar que essa forma verbal:

( ) indica uma ação realizada no jogo pelas pessoas que o jogam.

( ) liga a palavra **jogo** a adjetivos que indicam características desse jogo.

CAPÍTULO 2 — CONCORDÂNCIA VERBAL — ACENTUAÇÃO DAS PALAVRAS PAROXÍTONAS

Leia estes quadrinhos:

(Nik. *Gaturro*. Cotia-SP: Vergara & Riba, 2008. v. 2, p. 33.)

onipresente: diz-se de quem está em todos os lugares.

1 Gaturro é apaixonado pela gatinha Ágata.

a) No primeiro quadrinho, que adjetivos ele usa para elogiar Ágata?

___

___

___

b) Ágata gostou de ser tão elogiada por Gaturro?

___

c) O que significa a onomatopeia **Xô, xô, xô**, presente no 2º quadrinho?

____

____

d) O que significa o coração partido ao meio, no 2º e no 3º quadrinho?

____

____

2. No último quadrinho, Gaturro está conversando com outra gatinha, a Gatatrevida.

a) Como está o coraçãozinho vermelho nesse quadrinho?

____

b) Que semelhança você percebe entre esse e o 1º quadrinho?

____

c) Considerando esse quadrinho, é possível concluir que Gaturro era realmente apaixonado por Ágata? Então, o que ele queria?

____

____

d) Você acha que desta vez Gaturro vai conseguir conquistar Gatatrevida?

____

3. Imagine que Gaturro tenha resolvido dizer a mesma coisa para as duas gatinhas de uma vez.

a) Complete adequadamente a frase:

"Ágata e Gatatrevida, vocês ____________ especiais, únicas, insubstituíveis."

b) Explique a mudança feita por você na forma verbal empregada na fala de Gaturro.

____

____

4 Compare estas palavras:

especial	insubstituível	igual	original

a) Note que todas terminam com a letra **l**, porém apenas uma é acentuada. Como cada palavra se classifica quanto à posição da sílaba tônica: oxítona, paroxítona ou proparoxítona?

____

____

b) Conclua: A qual das classificações indicadas por você no item **a** pertence a palavra que recebeu acento quando terminada em **l**?

____

c) Considerando sua resposta aos itens anteriores, circule as palavras do quadro a seguir que devem receber acento e reescreva-as, acentuando-as corretamente.

amavel azul vogal agil
cruel invencivel tutorial normal
dificil temporal facil

____

____

____

Leia estes três textos e responda às questões 5 a 9:

I

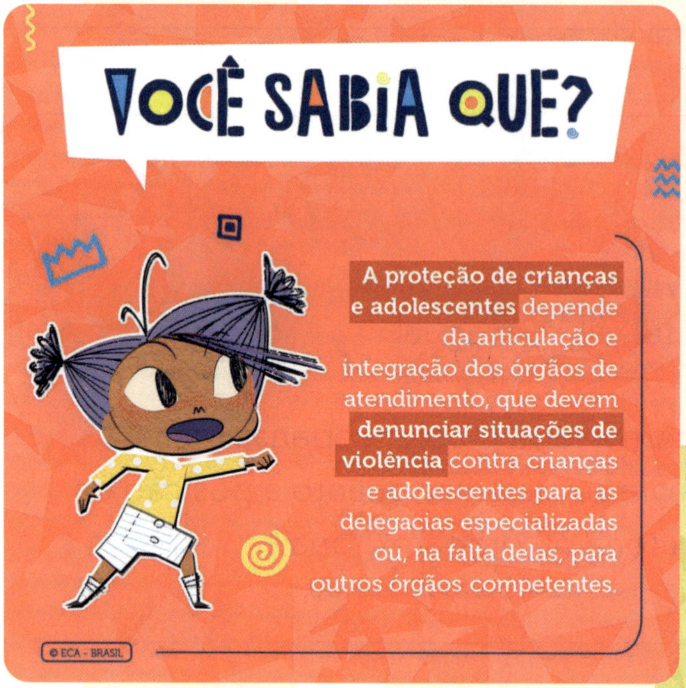

© Reprodução/ECA - Brasil

II

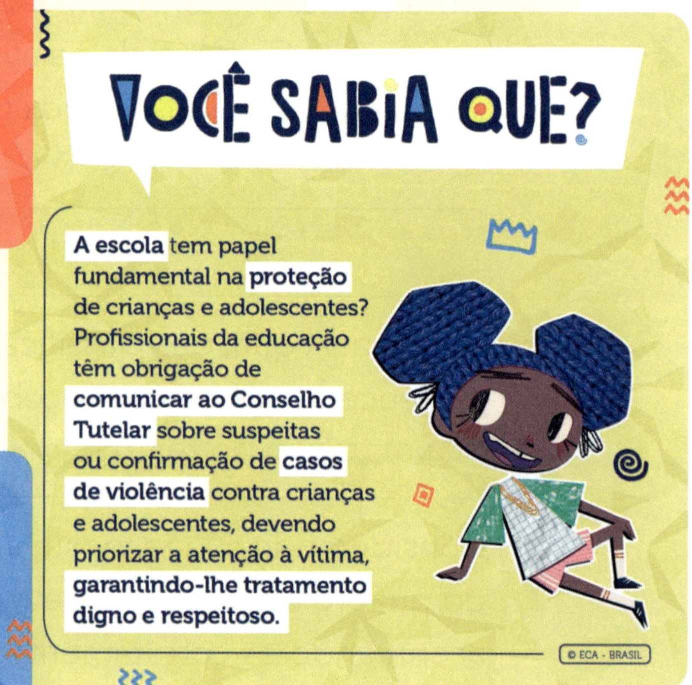

III

(Disponível em: https://www.unicef.org/brazil/campanha-estatuto-crianca-adolescente-30-anos. Acesso em: 21/3/2021.)

5 Os três textos têm o mesmo título.

a) Esse título indica que o texto vai:

( ) narrar um conto maravilhoso.

( ) contar uma curiosidade.

( ) ensinar uma receita culinária.

b) Reescreva a frase do título, fazendo as alterações necessárias de acordo com a concordância da norma-padrão e trocando a palavra **você** por:

Vocês: ______________________________

Nós: ______________________________

Eles: ______________________________

6 Releia um trecho do texto I:

> "A proteção de crianças e adolescentes depende da articulação e integração dos órgãos de atendimento"

a) Circule a forma verbal desse trecho.

b) Sublinhe o termo que corresponde ao sujeito dessa frase e copie qual é o núcleo, isto é, a expressão que concorda com a forma verbal.

____

c) O núcleo do sujeito e a forma verbal estão no plural ou no singular?

____

7 Compare estes dois trechos do texto II:

- "A escola tem papel fundamental na proteção"
- "Profissionais da educação têm obrigação"

a) Qual é o sujeito de cada uma dessas frases?

____

____

b) Por que a forma verbal **tem** foi acentuada apenas em uma delas?

____

____

8 Leia estas palavras extraídas dos três textos:

integração articulação órgãos município violência profissionais educação

a) Separe-as em dois grupos, considerando a terminação delas, de acordo com a tabela a seguir.

	Termina com -ão(s)	**Termina com duas vogais, (seguidas ou não de s) ou uma forte e uma fraca**
Palavras oxítonas		
Palavras paroxítonas		

b) Agora, observe a acentuação das palavras que você distribuiu no quadro e conclua:

Recebem acento as palavras ________________ terminadas em **-ão(s)** ou em duas vogais, uma fraca e uma forte, nessa ordem, seguidas ou não de **s**.

9 Releia as palavras dos textos que terminam em **l**:

papel	fundamental	responsável

Por que apenas uma delas recebeu acento?

____

____

10 Veja o quadro de palavras paroxítonas a seguir.

bolso	nuvem	repórter	camelo	
ordem	ímpar	pote	caráter	enrolado
cidade	dólar	jovem	metade	
vizinho	açúcar	grave	éter	

a) Observe atentamente as palavras do quadro e circule todas as que são acentuadas.

b) Observe a terminação das palavras que você circulou e conclua:

Todas as paroxítonas terminadas em _____ são acentuadas.

Complete a regra a seguir, considerando o que você concluiu nos exercícios 8, 9 e 10.

Paroxítonas terminadas em ______________________________

______________________________ devem receber acento gráfico.

11 Foi dada a largada! Na ilustração, há apenas palavras paroxítonas. Algumas delas estão acentuadas corretamente, e outras não. Junte-se a um colega e tentem encontrar o caminho que leva à chegada. A dica é: siga pelo caminho no qual há palavras paroxítonas que devem ser acentuadas. Boa sorte!

Depois de descobrir o caminho, escreva as palavras que devem ser acentuadas, acentuando-as corretamente.

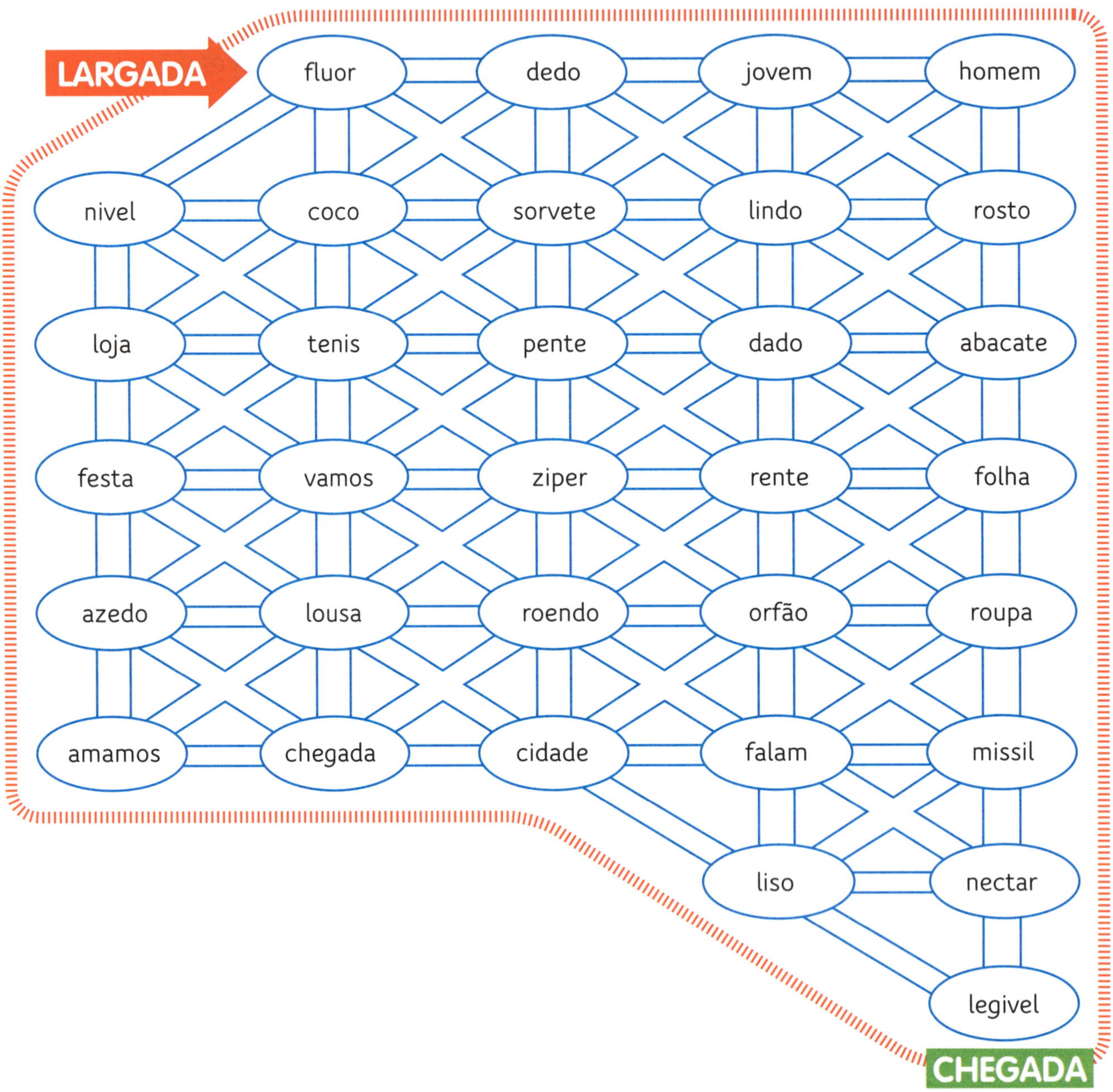

Banco de imagens/Arquivo da editora

____

____

CAPÍTULO 3 — TEMPOS VERBAIS — EMPREGO DE G E J

Leia este poema, de Elias José:

Os cascudos

— Como tem tártaro,
como tem casca,
como tem ruga,
a dona tartaruga!
— disse o jabuti.

— Como o seu tatu
tá cascudo,
cheio de tatuagem,
com pelo no meio
daquela engrenagem
que até parece escudo!
— disse a tartaruga.

— Como o seu jabuti
esculpiu aquela casca
estranha e esquisita
que faz mal
pra minha vista?!
— disse o tatu.

Aí o cágado chegou
e viu o jabuti,
e viu a tartaruga
e viu o tatu.
E disse pros presentes:
— Como têm carapaças lindas
estes meus parentes!

(*De olho nos bichos*. São Paulo: FTD, 2003. p. 10-11.)

Ilustra Cartoon/Arquivo da editora

1. No poema, são mencionados quatro animais.

   a) Quais são eles?

   ____

   b) O que eles têm em comum?

   ____

2. Apesar de serem parecidos, a tartaruga, o jabuti e o tatu fazem críticas uns aos outros.

   a) Quem critica o jabuti? ______________________________

   b) Quem critica a tartaruga? ____________________________

   c) Quem critica o tatu? ________________________________

Qual é a diferença entre tartaruga, jabuti e cágado?

Essas três espécies pertencem à ordem dos quelônios, na qual são incluídos os répteis com carapaça. Apesar disso, esses animais apresentam diferenças consideráveis.

Enquanto as tartarugas vivem o tempo todo dentro da água, saindo apenas para tomar sol e desovar, o jabuti é um animal terrestre, ou seja, vive todo o tempo em terra. Já o cágado é um animal semiterrestre, pois vive em terra e também dentro da água.

Matteo photos/Shutterstock

Ger Bosma/Alamy/Fotoarena

Fabio Colombini/Acervo do fotógrafo

3 Entre os animais, o cágado é o único que tem um comportamento diferente.

Matteo photos/Shutterstock

a) Por quê?

____

____

b) Por que ele diz que o jabuti, a tartaruga e o tatu são seus parentes?

____

c) Ele acha que o jabuti, a tartaruga e o tatu têm carapaças lindas. Logo, o que ele deve achar da própria aparência?

____

4 A forma verbal **disse** foi empregada nas quatro estrofes do poema para indicar as falas dos animais.

a) Em que tempo verbal ela está?

____

b) Quais outras formas verbais foram empregadas nesse mesmo tempo no poema? Circule-as no texto.

5 Releia estas duplas de versos:

I. "como tem ruga a dona tartaruga!"

II. "— Como o seu jabuti esculpiu aquela casca"

a) Sublinhe a forma verbal presente em cada uma delas.

b) Qual das formas sublinhadas por você está no passado?

____

c) E qual está no presente?

____

6 Imagine que as frases a seguir dão sequência à história contada no poema, prevendo o que os outros animais farão depois de ouvir a fala do cágado. Complete as lacunas com as formas dos verbos indicados no futuro.

E depois de ouvir fala
tão gentil de seu parente
Agora os outros bichos
______________ (pensar) duas vezes
E não se ______________
(ofender) novamente:

O jabuti ______________ (pedir)
desculpas à tartaruga
A tartaruga não mais
______________ (falar) mal
do tatu
O tatu ______________
(fazer) as pazes com o jabuti
E então todos ______________
(ficar) contentes.

7 Escreva todas as palavras do poema que apresentam as letras **j** e **g**.

____

____

8 Compare o som das sílabas destacadas nestas palavras:

TARTARU**GA** **JA**BUTI TATUA**GEM**

a) As sílabas **GA** e **JA** têm o mesmo som?

____

b) Em qual das palavras a letra **G** tem o mesmo som que a letra **J**?

____

9 Leia estas palavras:

tartaruga	jabuti
tangerina	jeito
girafa	jipe
figo	jogo
guloso	jujuba

a) Na primeira coluna de palavras, em quais delas a letra **g** tem o som "gê"?

____

b) Na segunda coluna, em quais palavras a letra **j** tem o som "gê"?

____

c) Observe as vogais que vêm depois da letra **g** pronunciada com o som "gê" e as vogais que vêm depois da letra **j** pronunciada com o som "gê". Depois responda:

- Quando a letra **g** tem o som "gê"?

____

____

- Quando a letra **j** tem o som "gê"?

____

____

10 Forme palavras a partir de:

a) gelo

____

b) jeito

____

c) jogo

____

d) gibi

____

e) laranja

____

Fernando Favoretto/Criar Imagem

Leia o poema a seguir, de Fernanda Sander, e responda às questões 11 a 14.

Bicho embaixo da unha

Debaixo da unha de Olívia tem bicho.
Tem bichos de todos os ☐eitos
Eles estão lá, presos,
esperando para sair.
É preciso cortar as unhas
para conhecer os moradores.
Vamos cortar para descobrir?

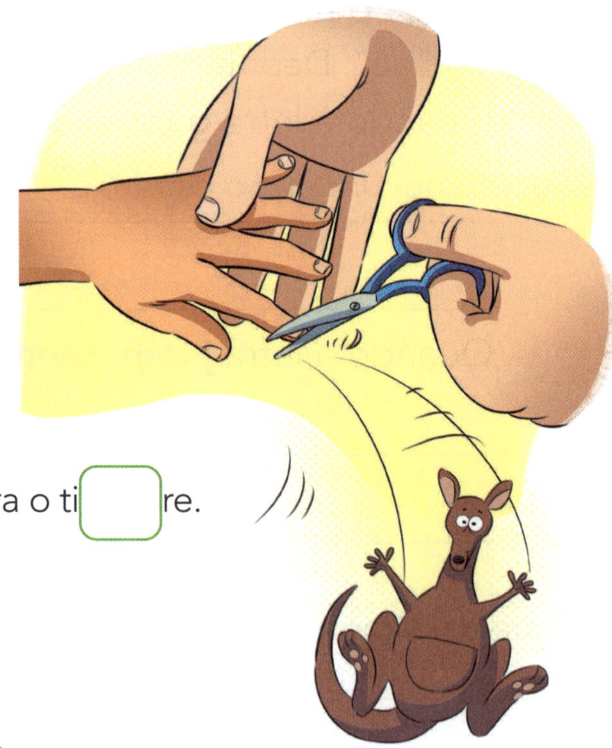

Ilustra Cartoon/Arquivo da editora

No pole☐ar de uma mão mora o ti☐re.
No indicador, um can☐uru.
No dedo médio, um leão.
No anular tem um tatu.
Neste mínimo mora uma la☐artixa
que olha pra mim, olha pra mim e faz assim:
— Prrruuu!

No cata-piolhos da outra mão mora a ___iboia.
No fura-bolo, um bem-te-vi.
No pai de todos, a coru___a.
No seu vizinho tem um sa___ui.
No mindinho tem um ratinho
(que é bicho pequenininho).

Nas unhas dos dedos dos pés do Pedro
moram bichos também.
Vamos cortar com a tesoura
para saber se eles vêm?

Em um pé, os bichos são cinco,
nesta ordem de tamanho:
elefante, porco, onça, ___acaré
e por último, um bicho estranho
— ornitorrinco!

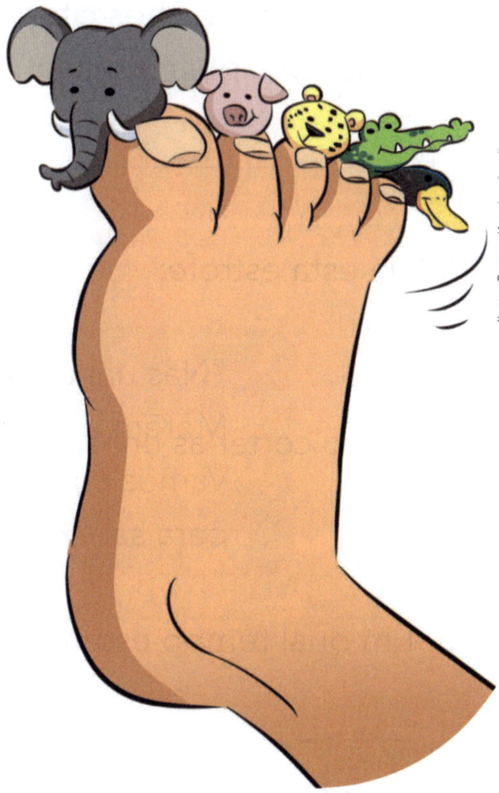
Ilustra Cartoon/Arquivo da editora

No outro pé tem até um flamin___o!
___irafa, cachorro, chimpanzé.
E o ___ato: — "Miau!"
Com o qual eu brinco!

(*Ideia passarinha — Poesia (in)completa para crianças.* São José dos Campos. p. 143-144.)

11 As letras **g** e **j** se perderam nas palavras do poema. Complete as lacunas com a letra correta em cada palavra. Se julgar necessário, consulte um dicionário.

12 Releia o título do poema.

a) Levante hipóteses: Quais bichos pode haver embaixo de uma unha que está há muito tempo sem ser cortada?

____

____

b) São esses os bichos que estão debaixo das unhas de Olivia e de Pedro?

____

c) Deduza: Os bichos citados no poema estão mesmo debaixo das unhas dos personagens?

____

13 Releia esta estrofe:

> "Nas unhas dos dedos dos pés do Pedro
> Moram bichos também.
> Vamos cortar com a tesoura
> para saber se eles vêm?"

a) Em qual tempo está a forma verbal **moram**?

____

b) Esse tempo foi usado no texto porque indica:

( ) uma ação que aconteceu antes daquele momento.

( ) uma ação que acontece naquele momento.

( ) uma ação que acontecerá depois daquele momento.

c) Na pergunta dos dois últimos versos, a forma verbal **vamos cortar** indica:

◯ uma ordem.

◯ um conselho.

◯ uma sugestão.

14. Complete as frases a seguir com o verbo indicado no passado, no presente ou no futuro.

a) Olivia ______________ (dizer – passado) que não ______________ (cortar – futuro) as unhas.

b) Pedro ______________ (cortar – passado) as unhas. Agora onde ______________ (morar – futuro) os bichos do pé dele?

c) As crianças ______________ (gostar – presente) de cortar as unhas.

d) Nós ______________ (cortar – futuro) as unhas para ver os bichos que ______________. (aparecer – futuro)

e) A mãe das crianças ______________ (perceber – presente) que as unhas delas ______________ (estar – presente) grandes.

UNIDADE 4

CAPÍTULO 1 — LINGUAGEM FIGURADA

Leia o poema a seguir, de José Paulo Paes.

Pura verdade

Eu vi um ângulo obtuso
Ficar inteligente
E a boca da noite
Palitar os dentes.

Vi um braço de mar
Coçando o sovaco
E também dois tatus
Jogando buraco.

Eu vi um nó cego
Andando de bengala
E vi uma andorinha
Arrumando a mala.

Vi um pé de vento
Calçar as botinas
E o cavalo-motor
Sacudir as crinas.

Vi uma mosca entrando
Em boca fechada
E um beco sem saída
Que não tinha entrada.

É a pura verdade,
A mais nem um til,
E tudo aconteceu
Num primeiro de abril.

(*Um passarinho me contou*. São Paulo: Ática, 1998.)

1 Veja os significados da palavra **obtuso** no dicionário:

▪ **adjetivo**
1. arredondado na extremidade; que possui forma arredondada; rombo
2. Derivação: sentido figurado.
falto de inteligência; rude, bronco, estúpido
3. Derivação: sentido figurado.
a que falta nitidez; confuso
4. Rubrica: geometria.
diz-se de ângulo maior que 90 graus e menor que 180 graus

(*Dicionário eletrônico Houaiss da língua portuguesa.*)

a) Releia os dois primeiros versos e deduza: Quais desses possíveis significados são explorados no poema?

____

b) Qual desses significados corresponde a uma linguagem figurada?

____

c) E o outro sentido? É uma linguagem específica de qual área, segundo o dicionário?

◯ história ◯ geometria ◯ ciências

2 Algumas palavras de sentido contrário foram empregadas no poema. Identifique, entre os pares a seguir, dois que contêm palavras contrárias.

◯ obtuso – inteligente
◯ saída – entrada
◯ boca – noite
◯ pura – verdade
◯ entrando – fechada

3 Há diversas expressões usadas no poema em sentido figurado.

a) Faça a correspondência correta entre as expressões a seguir e o significado delas.

boca da noite	entrelaçamento de fios que não se consegue soltar
braço de mar	problema sem solução
nó cego	canal entre duas ilhas ou entre uma ilha e o continente
pé de vento	fim da tarde, anoitecer
beco sem saída	ventania

b) A aproximação da linguagem figurada com ações realizadas habitualmente por algumas pessoas cria um efeito de humor no poema. Preencha o quadro, copiando as ações habituais mencionadas em cada par de versos do poema, conforme o exemplo.

Expressão de linguagem figurada	**Ação habitual**
boca da noite	palitar os dentes
braço de mar	
nó cego	
pé de vento	

4 Para fazer aproximação entre palavras ou expressões com sentido figurado e ações cotidianas, o poema estabelece relações lógicas pelo significado de cada palavra. Veja:

boca combina com **dentes**

a) Indique, em cada par de expressões do quadro do item **b** da questão 3, quais palavras também estabelecem uma relação lógica entre si.

_______________ combina com _______________

_______________ combina com _______________

_______________ combina com _______________

b) Sublinhe, em cada par de versos a seguir, duas palavras que também combinam entre si.

- "E também dois tatus
  Jogando buraco"
- "E o cavalo-motor
  Sacudir as crinas"

Ilustra Cartoon/Arquivo da editora

5 Releia a última estrofe do poema:

"É a pura verdade,
A mais nem um til,
E tudo aconteceu
Num primeiro de abril."

a) O dia primeiro de abril é conhecido por qual motivo?

____

b) Essa estrofe repete o título do poema. Sublinhe, na estrofe, a expressão que corresponde ao título.

c) O título do poema e o dia primeiro de abril têm sentidos:

( ) iguais.

( ) parecidos.

( ) contrários.

6 Considerando as suas respostas às questões anteriores, conclua, marcando **V** para afirmações verdadeiras e **F** para afirmações falsas.

( ) O poema constrói humor empregando todas as palavras em seu sentido literal.

( ) O poema constrói humor explorando o sentido de expressões de sentido figurado associadas a ações corriqueiras.

( ) A última estrofe do poema contém ideias contrárias que ajudam o leitor a compreender as afirmações anteriores do eu lírico.

( ) A última estrofe do poema deixa o leitor confuso porque cita uma data sem nenhum significado.

Leia a seguir o trecho de um verbete de enciclopédia e responda às questões 7 a 10.

Peixes-palhaço

Lukiyanova Natalia frenta/Shutterstock

Os peixes-palhaço são talvez os mais típicos habitantes da barreira de coral, e são famosos pelas cores vivas e **pelo seu curioso estilo de vida, em estreita relação com as anêmonas-do-mar**, que os protegem de predadores. Eles vivem predominantemente nos oceanos Índico e Pacífico, têm poucos centímetros de comprimento e necessitam de águas com temperaturas acima de 25 °C.

(Laura Aceti e Marco Scuderi (org.). *Minha primeira enciclopédia*. São Paulo: Lafonte, 2018. p. 29.)

7 O texto trata de uma espécie de animal.

a) Qual é essa espécie?

____

b) Onde ela vive?

____

____

____

8 Segundo o texto, essa espécie tem uma estreita relação com outra.

a) Com qual outra espécie ela mantém essa relação?

____

____

b) Deduza: Qual é o sentido da expressão **estreita relação**, no contexto?

◯ parentesco próximo

◯ convivência próxima

◯ convivência forçada

9 Releia esta frase:

"Os peixes-palhaço [...] são **famosos** pelas cores **vivas**"

Identifique, nos corais abaixo, duas palavras que poderiam substituir as palavras em destaque, sem produzir alteração no sentido do texto. Ligue cada uma à palavra correspondente nos corais.

famosos — vivas

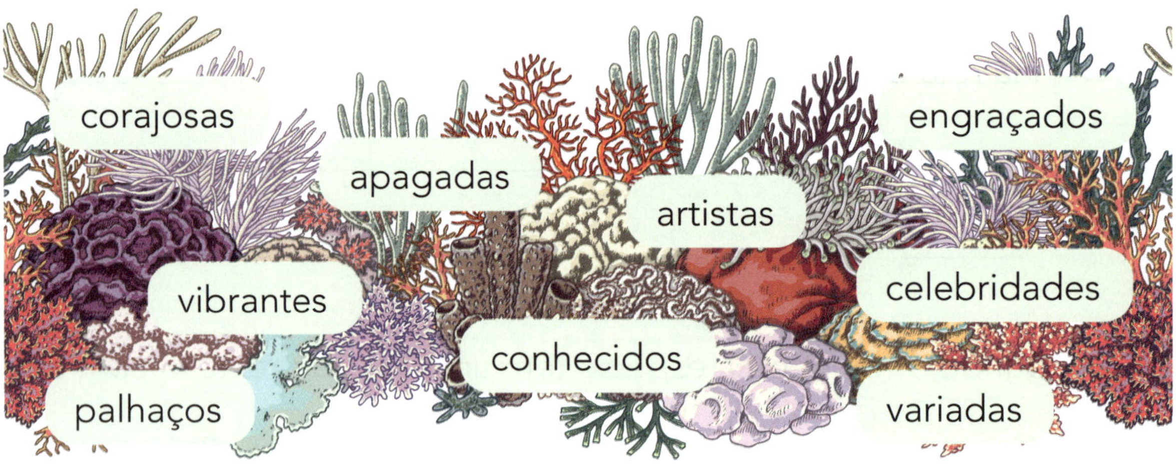

Val_Iva/Shutterstock

10 Considerando o texto do verbete, marque **V** para afirmações verdadeiras e **F** para afirmações falsas:

( ) Os peixes-palhaço são criaturas gigantescas.

( ) Os peixes-palhaço têm cores fortes.

( ) As anêmonas-do-mar prejudicam os peixes-palhaço.

( ) As anêmonas-do-mar protegem os peixes-palhaço.

( ) Os peixes-palhaço vivem em águas muito geladas.

CAPÍTULO 2 — SINÔNIMOS E ANTÔNIMOS — EMPREGO DE -ÇÃO, -SÃO E -SSÃO

Leia este poema, de Pedro Bandeira:

Este pequeno mundo

Sei que o mundo é mais que a casa,
mais que a rua, mais que a escola,
mais que a mãe e mais que o pai.

Vai além do horizonte,
que eu desenhei no caderno,
como linha reta e preta,
que separa azul de verde.

Sei que é muito, sei que é grande,
sei que é cheio, sei que é vasto.

Me disseram que é uma bola,
que flutua pelo espaço,
atirada pelo chute
de um gigante poderoso;
vai direto para um gol,
que ninguém sabe onde é.

Mas para mim o que mais conta
é este mundo que eu conheço
e que cabe direitinho
bem debaixo do meu pé!

Bonitas/Shutterstock

(*Cavalgando o arco-íris*. 3. ed. São Paulo: Moderna, 2002. p. 7.)

1. Quem você acha que fala no poema: um adulto ou uma criança? Por quê?

____

____

2. O título do poema é "Este pequeno mundo". Por que o poema tem esse nome, se quem fala nele diz: "Sei que [o mundo] é grande"?

____

____

____

3. Na língua, existem palavras de sentidos parecidos e palavras de sentidos opostos.

a) Que palavra da terceira estrofe tem um sentido parecido com **grande**?

____

b) Que palavra do poema tem um sentido oposto a **grande**?

____

4. As palavras a seguir vão passar pelas máquinas formadoras de sinônimos e antônimos. Observe em qual máquina cada palavra entrou e circule a palavra nova correta, considerando o sentido de cada uma no poema.

MicroOne/Shutterstock

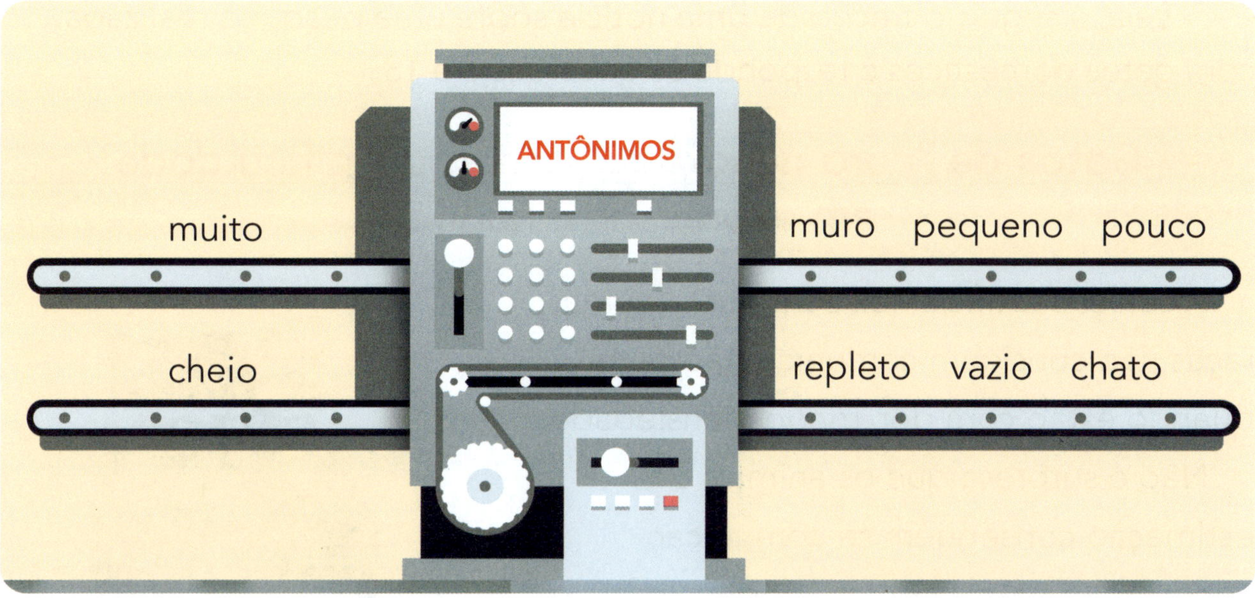

MicroOne/Shutterstock

5 Considerando suas respostas às questões 3 e 4, conclua:

- São chamadas de ____________ palavras de sentidos parecidos.
- São chamadas de ____________ palavras de sentidos opostos.

6 Observe, no exemplo, a formação de um substantivo a partir de uma forma verbal empregada no poema:

separa + ação = separação

a) Qual dos três verbos a seguir, também empregados no poema, forma um substantivo dessa mesma maneira? Marque:

( ) vai ( ) flutua ( ) cabe

b) Faça como no exemplo e forme o substantivo correspondente ao verbo que você marcou no item **a**.

____

Leia, a seguir, o trecho de uma notícia sobre uma pesquisa realizada com gatos domésticos e responda às questões 7 a 13.

Gatos de "cara achatada" têm mais dificuldade em expressar emoções

A seleção artificial fez com que algumas raças não consigam comunicar tão bem quando estão com dor, medo e ansiedade.

Eric Isselee/Shutterstock

Não é surpresa que os animais de estimação conseguem se comunicar conosco. Afinal de contas, eles sobreviveram graças à habilidade de cativar os humanos. No entanto, alguns deles não conseguem expressar as emoções tão bem, fazendo com que os donos possam ter mais dificuldade para interpretar o que sentem.

É o caso dos braquicefálicos, mais conhecidos como os bichinhos "de cara achatada" – como os gatos das raças Persa e Himalaio. Uma pesquisa publicada na *Frontiers in Veterinary Science* usou um algoritmo para analisar o rosto de 2 mil gatos e classificá-los de acordo com o nível de expressividade.

[...]

Já se sabe que cães e gatos braquicefálicos sofrem mais de problemas respiratórios. Agora, o estudo mostra que o formato do rosto também pode afetar negativamente a comunicação com humanos. [...]

[...] As autoras do estudo teorizam que a preferência por raças de cara achatada tenha a ver justamente com a impressão de que elas possuem um rosto infantil ou "de bebê", parecendo assim mais vulneráveis.

[...]

(Disponível em: https://super.abril.com.br/comportamento/gatos-de-cara-achatada-tem-mais-dificuldade-em-expressar-emocoes/. Acesso em: 21/3/2021.)

7 Segundo o texto, os animais de estimação em geral têm uma habilidade que permitiu a sobrevivência deles.

a) Qual é essa habilidade?

____

____

b) Todos os animais de estimação conseguem expressar bem suas emoções, segundo o texto?

____

8 A notícia comenta uma pesquisa realizada com um grupo específico de animais.

a) Qual é o nome científico desses animais? E como eles são conhecidos pelas pessoas, em geral?

____

____

b) Circule, no texto, os nomes das raças de gatos que pertencem a esse grupo.

c) Apenas gatos pertencem a esse grupo? Sublinhe, no texto, o trecho que justifica sua resposta.

____

d) Que particularidade desses animais foi descoberta pela pesquisa relatada no texto?

( ) Eles sofrem mais de problemas respiratórios do que outros animais.

( ) O formato do rosto deles pode prejudicar a comunicação com humanos.

9 As autoras da pesquisa têm uma hipótese, isto é, uma suposição, um pensamento sobre a preferência das pessoas por esses animais.

a) Por qual motivo elas acham que isso acontece?

____

____

b) Considerando toda a notícia, deduza o significado da palavra **vulneráveis**, no contexto.

◯ feridos, que foram machucados

◯ frágeis, que inspiram cuidados

◯ enfermos, que sofrem de uma doença

Kirill Vorobyev/Shutterstock

Releia estas palavras, empregadas no texto, e responda às questões 10 a 12:

seleção	estimação	comunicar
expressar	comunicação	impressão

10 No texto foi utilizada outra palavra da mesma família do verbo **expressar**.

a) Qual é ela?

____

b) Segundo o dicionário, **expressar** tem o mesmo significado que **exprimir**. Isso significa que essas palavras são sinônimas ou antônimas entre si?

____

c) Deduza: Qual das formas a seguir também é formada a partir de **expressar**?

- ◯ expreção
- ◯ expressão
- ◯ expresão

11 Indique as palavras do quadro que derivam de cada um destes verbos:

a) estimar: ____________________

c) selecionar: ____________________

b) imprimir: ____________________

12 Identifique, no quadro, duas palavras que formam o par verbo + palavra derivada. Complete:

____________________ : ____________________

verbo — palavra derivada

13 Leia, a seguir, outras palavras empregadas no texto em estudo.

afetar	interpretar	publicada	classificar

Forme substantivos a partir dessas palavras, acrescentando a elas uma das seguintes terminações: **-ção**, **-são** ou **-ssão**. Se julgar conveniente, consulte um dicionário.

____

____

____

14 Resolva a cruzadinha. Se julgar conveniente, consulte um dicionário.

1. Ato ou efeito de compreender
2. Ato ou efeito de pretender
3. Ato ou efeito de suspender(-se)
4. Ato ou efeito de expandir(-se)
5. Ato ou efeito de inverter(-se)
6. Ato ou efeito de dispersar(-se)

CAPÍTULO 3 — CARACTERÍSTICAS DA FALA EM SITUAÇÕES FORMAIS DE EXPOSIÇÃO ORAL — EMPREGO DE -AGEM, -OSO, -ISAR E -IZAR

Leia o poema, de Marina Colasanti, a seguir:

O pinguim

Se eu visse pinguins
Vestindo blue-jeans
ficava **basbaque**.
Parece engraçado
e um pouco **pomposo**
que só usem **fraque**.
Mas mesmo essa roupa
tem lá seu valor:
no frio rigoroso
é muito apropriado
trajar-se... **a rigor**.

baldezh/Shutterstock

Poemas com sol e sons. São Paulo: Melhoramentos, 2000. p. 14.)

a rigor: com cerimônia, de maneira formal.
basbaque: espantado.
fraque: traje masculino usado em cerimônias especiais.
pomposo: elegante, luxuoso.

1. O poema faz uma brincadeira comparando a aparência do pinguim com determinado tipo de roupa.

   a) Qual é esse tipo de roupa?

   ____

b) Qual é a semelhança entre esse tipo de roupa e a aparência do pinguim?

____

____

2 No poema, há duas palavras que apresentam a terminação **-oso**. Quais são elas?

____

3 A terminação **-oso** indica que algo existe em abundância. Veja o exemplo:

cheiro + oso = cheiroso

a) Que outras palavras terminadas em **-oso** você conhece?

____

____

____

b) Como se formam as palavras do poema que terminam em **-oso**?

____

____

c) Identifique qual destas palavras do poema também forma adjetivo com terminação em **-oso**. Em seguida, escreva a palavra formada.

( ) visse ( ) valor ( ) frio

____

CADERNO DE ATIVIDADES

4 Há, na língua portuguesa, palavras que formam outras pelo acréscimo da terminação **-agem**. Veja os exemplos:

folha + agem = folhagem
cola + agem = colagem

Entre as palavras a seguir, extraídas do poema, duas formam outras pelo acréscimo da terminação **-agem**. Circule-as e, em seguida, forme as palavras novas.

usem	roupa	seu	frio	trajar

_______________ + agem = ____________________
palavra do poema — palavra nova

_______________ + agem = ____________________
palavra do poema — palavra nova

5 A partir da palavra **valor**, empregada no poema, é formado um verbo. Veja:

valor + izar = valorizar

Algumas vezes, é preciso fazer uma adaptação na palavra original para formar o verbo com a terminação **-izar**. Observe:

estilø + izar = estilizar

Forme outros verbos, acrescentando a terminação **-izar** às palavras a seguir e fazendo as adaptações necessárias.

setor: ____________________ ideal: ____________________

sinal: ____________________ humano: ____________________

memória: ____________________ natural: ____________________

Para responder às questões 6 a 8, leia a seguir o trecho de um verbete de enciclopédia sobre os abismos oceânicos, a região do fundo do mar onde habita um ecossistema capaz de viver sem luz solar.

Como são estudados os abismos?

Tartila/Shutterstock

A ciência aplicada ao estudo do fundo dos oceanos deu grandes passos: os submarinos são usados há algum tempo com dispositivos de detecção de ondas para analisar e estudar abismos com milhares de metros de profundidade e atualmente existem verdadeiras naves-robôs capazes de alcançar essas profundidades.

Qual é a fossa mais profunda do mundo?

A fossa das Marianas, localizada a noroeste do oceano Pacífico, um pouco a leste das Ilhas Marianas. A partir de 31 de maio de 2009, graças a uma nova descoberta por parte da expedição do robô Nereus, sabe-se a profundidade com precisão: 10.902 m.

(Laura Aceti e Marco Scuderi (org.). *Minha primeira enciclopédia*. São Paulo: Lafonte, 2018. p. 30.)

6 Segundo o texto, alguns equipamentos são usados pela ciência para estudar o fundo dos oceanos.

a) Quais desses equipamentos são citados no texto?

____

b) Um desses equipamentos recebeu um nome próprio. Sublinhe-o no texto.

7 Releia as palavras a seguir, empregadas no texto:

usados	dispositivos	existem	localizado

Qual delas pertence à mesma família que um verbo terminado em **-izar**? Circule a palavra e escreva o verbo formado.

____

8 Agora veja este verbo, também empregado no texto:

analisar

a) Deduza: Ele se forma a partir de qual palavra? Marque:

- ◯ analgésico
- ◯ análise
- ◯ asiático

b) Forme outros verbos como **analisar**, a partir das seguintes palavras:

- frisa: ______________________________
- reprise: ______________________________
- pesquisa: ______________________________

c) Todas as palavras que originaram os verbos formados têm em sua sílaba final a letra **s** ou a letra **z**? ______

d) E os verbos formados têm a terminação **-isar** ou a terminação **-izar**? __________

Há, a seguir, a transcrição do trecho de uma exposição oral realizada no I Seminário Criança e Natureza, no qual Julia, uma jovem que mora na cidade de São Paulo, conta sobre sua participação em um projeto em que troca cartas e experiências com crianças de outros lugares do país. Leia-o e responda às questões 9 a 12.

> Oi, eu sô a Julia, eu tenho treze anos [...]. E eu sempre tive uma vontade muito grande de conhecê outros lugares, e principalmente a Amazônia, e foi essa vontade que me trouxe pro Programa Rede [...] é uma oportunidade incrível e várias coisas me marcaram durante esse período. Uma delas foi a carta de um menino de cinco anos, de Macapá, que trabalhava desde muito pequenininho na floresta dos pais/na fazenda dos pais e ele ia pra escola todo dia de manhã e ele queria o dia inteiro voltá pra fazenda pra trabalhá e brincá, do mesmo jeito que a gente sempre qué saí logo da escola pra voltá pra casa e ficá jogando videogame, ou vendo TV. E isso eu achei muito legal porque contava muito sobre a relação dele com a natureza e como era diferente da nossa. [...]

Mohd Razz Rozzfaisal/Shutterstock

(Transcrito do vídeo disponível em: https://www.youtube.com/watch?v=s7c4OBc1Nvk&list=PLwtaWcfcrGsbNbwD_X30KJeodF-uGThaR&index=11, entre os minutos 10' e 11'35". Acesso em: 21/3/2021.)

9 No trecho lido, Julia conta sobre como entrou no projeto.

a) Qual é o nome do projeto de que ela faz parte?

____

b) Por que Julia entrou para o projeto?

____

____

c) Onde morava o menino com quem Julia se correspondeu? Quantos anos ele tinha?

____

____

TommyStockProject/Shutterstock

10 Em sua fala, Julia revela alguns de seus hábitos.

a) O que Julia gosta de fazer em casa quando volta da escola?

____

b) Ela gostou de se corresponder com o menino porque:

- ◯ ela percebeu que, mesmo morando tão longe, eles tinham uma relação com a natureza muito parecida.
- ◯ ela percebeu que, assim como ela, o menino também não gostava da escola.
- ◯ ela percebeu que a relação dele com a natureza era muito diferente da dela.

11 Observe estes trechos da transcrição:

- "Eu sô a Julia"
- "Eu sempre tive uma vontade muito grande de conhecê outros lugares"
- "E ele queria o dia inteiro voltá pra fazenda pra trabalhá e brincá"

a) Há, nos trechos, algumas palavras que foram grafadas propositalmente de forma diferente da norma-padrão escrita, para representar a forma como falamos. Circule essas palavras nos trechos acima.

b) Como deveriam ser grafadas essas palavras caso a fala de Julia fosse reproduzida de acordo com as regras ortográficas da norma-padrão?

____

____

c) Identifique outras palavras, na transcrição, que contenham uma grafia que também representa a forma como falamos e circule-as.

12 É comum, quando fazemos uma exposição oral, reelaborarmos nosso pensamento ao mesmo tempo em que falamos e, com isso, corrigirmos a fala.

a) Identifique e sublinhe, no trecho transcrito, a parte em que isso ocorre.

b) Deduza: Por que Julia reelabora o que havia dito?

- ◯ Porque confundiu quem eram os donos da propriedade.
- ◯ Porque confundiu **fazenda** com **floresta**.
- ◯ Porque confundiu a idade do menino.